Pedro Calderón de la Barca

Triunfar muriendo

Barcelona **2024**
Linkgua-ediciones.com

Créditos

Título original: Triunfar muriendo.

© 2024, Red ediciones S.L.

e-mail: info@Linkgua-ediciones.com

Diseño de cubierta: Michel Mallard.

ISBN tapa dura: 978-84-1126-043-5.
ISBN rústica: 978-84-9816-454-1.
ISBN ebook: 978-84-9953-473-2.

Sumario

Brevísima presentación

La vida

Pedro Calderón de la Barca (Madrid, 1600-Madrid, 1681). España.

Su padre era noble y escribano en el consejo de hacienda del rey. Se educó en el colegio imperial de los jesuitas y más tarde entró en las universidades de Alcalá y Salamanca, aunque no se sabe si llegó a graduarse.

Tuvo una juventud turbulenta. Incluso se le acusa de la muerte de algunos de sus enemigos. En 1621 se negó a ser sacerdote, y poco después, en 1623, empezó a escribir y estrenar obras de teatro. Escribió más de ciento veinte, otra docena larga en colaboración y alrededor de setenta autos sacramentales. Sus primeros estrenos fueron en corrales.

Lope de Vega elogió sus obras, pero en 1629 dejaron de ser amigos tras un extraño incidente: un hermano de Calderón fue agredido y, éste al perseguir al atacante, entró en un convento donde vivía como monja la hija de Lope. Nadie sabe qué pasó.

Entre 1635 y 1637, Calderón de la Barca fue nombrado caballero de la Orden de Santiago. Por entonces publicó veinticuatro comedias en dos volúmenes y La vida es sueño (1636), su obra más célebre. En la década siguiente vivió en Cataluña y, entre 1640 y 1642, combatió con las tropas castellanas. Sin embargo, su salud se quebrantó y abandonó la vida militar. Entre 1647 y 1649 la muerte de la reina y después la del príncipe heredero provocaron el cierre de los teatros, por lo que Calderón tuvo que limitarse a escribir autos sacramentales.

Calderón murió mientras trabajaba en una comedia dedicada a la reina María Luisa, mujer de Carlos II el Hechizado. Su hermano José, hombre pendenciero, fue uno de sus editores más fieles.

Personajes

El Bautismo
El Hombre
El Matrimonio
El Orden Sacerdotal
El Pecado
El Placer
El Rey
La Comunión
La Confirmación
La Esposa
La Muerte
La Penitencia

Acto único

(Canta dentro toda la música y sale el Placer vestido de villano.)

Música   Venid, mortales, venid
si queréis no serlo y eternos vivir,
que aquí está la Vida puesto que está aquí
quien, muriendo, a la Muerte ha de destruir.

Placer   Mil extremos he de hacer   5
de contento y alegría.
¡Albricias, que hoy es mi día
pues es día de placer!
Cantar, bailar y tañer
sean todos mis intentos,   10
digan voces y instrumentos
que hoy en metáfora un Rey
hace de Gracia una ley
con todos sus sacramentos,
    repitiendo alegres en cláusulas mil   15

Él y música   que aquí está la Vida puesto que está aquí
quien, muriendo, a la Muerte ha de destruir.

(Con estos versos sale la música y luego el Bautismo, niño, la Confirmación, dama, la Penitencia vestido de pieles, la Comunión también de dama, el Orden sacerdotal, viejo venerable y el Matrimonio de galán. Detrás el Rey y haciéndole reverencia se quedan todos en ala y él pasa adelante.)

Rey   Ya que esa altiva, esa bella
Jerusalén militante
—sombra de la que triunfante   20
vio en su Apocalipsi aquella
águila que estrella a estrella

bebe uno y otro arrebol,
subiendo ardiente farol
a ser dórica coluna—,   25
de la esfera de la Luna
se nos pasa a la del Sol;
ya que en la vaga región,
trepando enlazada vid,
si no torre de David,   30
si no alcázar de Sión
o templo de Salomón,
es altiva imagen fuerte
que sus triunfos nos advierte,
pues murada y guarnecida   35
plaza de armas de la vida
ha de ser contra la muerte,
antes que su fortaleza
entremos, saber espero
(pues obras de Gracia quiero   40
medir, para más fineza,
con las de Naturaleza)
de qué una gran monarquía
consta desde el primer día
que se funda, porque en todo   45
nos ajustemos al modo
de una nueva alegoría.

Bautismo   Una república bella
                  consta, señor, de la gente,
                  y así es lo más conveniente   50
                  que a poblalla y poseella
                  nazcan vasallos en ella
                  que comercien en su abismo.

Rey   Suceda en esta lo mismo,

	pues cuantos a ella vendrán	55
	segunda vez nacerán	
	de ti, siendo tú el Bautismo.	

Confirmación   Nacer, señor, no es bastante,
si no se sigue al nacer
a perfecta edad crecer   60
y ser hombre el que era infante,
porque con fervor constante
confirme en su corazón
la ley de la Religión
que les des.

Rey   Pues tú serás   65
quien se la confirmarás,
siendo su Confirmación.

Penitencia   Nacer, señor, y crecer
a perfecta juventud
no es la perfecta salud   70
que el mortal ha menester;
y así le importa tener
remedios a la dolencia
de una y otra intercadencia.

Rey   Pues tú serás de su ruina   75
saludable medicina,
siendo tú la Penitencia.

Penitencia   Aunque le haya de curar,
será fuerza que le des
convalecencia después,   80
en que pueda desechar
las reliquias que dejar

suele el mal.

Rey

A esa aflicción
conforte una ungida acción
—la extrema necesidad   85
que deje la enfermedad—
con nombre de Extremaunción.

Comunión

Ves aquí, señor, que atento
nace el Hombre, vive y crece,
que adolece y convalece.   90
¿Qué hará sin el alimento
que le sirva de sustento?
pues el más fuerte varón,
sin esta vital porción,
perecerá.

Rey

Pan de Vida   95
tendrás para su comida
siendo tú la Comunión.

Orden

¿Qué importará que nacido
se vea el Hombre y confirmado,
convalecido y curado   100
y en efeto mantenido,
si en justicia y paz regido
no está de algún tribunal
que le mantenga en igual
Ley? Luego habrá menester   105
jueces.

Rey

Tú lo habrás de ser
siendo Orden Sacerdotal.

Matrimonio	Aunque todos lograr puedan	
	altos favores, ningunos	
	vendrán a ser, como unos	110
	en otros no se sucedan.	
	Monarquías que se heredan	
	de una en otra duración	
	las más asentadas son.	

Rey	De eso darás testimonio	115
	tú, siendo del Matrimonio	
	ligítima sucesión.	

Matrimonio	Pues ya, señor, que nos das	
	cargos, con que de honor llenos,	
	ninguno venga a ser menos	120
	ni todos puedan ser más,	
	¿licencia no me darás	
	para que todos por mí	
	te hagan un recuerdo aquí	
	ya que en mí la sucesión	125
	legítima es el blasón	
	de que me coronas?	

Rey	Sí.

Matrimonio	Viendo que tu suma ciencia	
	esta familia eminente,	
	del ejemplar de tu mente,	130
	pasa a prática experiencia,	
	usando de tu licencia,	
	dicen que, ya que la hermosa	
	Sinagoga, que dichosa	
	tu primera esposa fue,	135
	yace, será justo que	

elijas segunda Esposa.
El tiempo que reinó fiel
juraste verla en aumento
y, pues como «juramento   140
de Dios» se llamó Isabel,
ya que la suerte cruel
de vista nos la quitó,
en cuya ausencia perdió
la humana naturaleza   145
la gracia, lustre y belleza
de que el cielo la dotó,
    por su falta, asegurar
conviene tu sucesión
en la ligítima unión   150
de fieles, que ha de igualar
átomos de viento y mar;
y así, atentos a este bien
te consultan, porque ven
cuánto a honrarlos te acomodas,   155
celebres segundas bodas,
tú sabes, señor, con quién;
pues sabes que desde el día
que se lloró su desgracia,
Ana, en quien se dice Gracia,   160
previno a tu monarquía,
con el nombre de María,
la Exaltación soberana,
en quien se dice la ufana
Fe, que merece dichosa   165
pues, exaltada y graciosa,
es por todo María y Ana.
Y supuesto que elegida
está ya esta niña bella
y has labrado para ella   170

este alcázar de la Vida,
con familia prevenida,
para que la recibamos
humildes te suplicamos
que de su Gracia gocemos   175
porque fieles la adoremos
y leales la sirvamos.

Rey   De vuestra razón de estado
ninguna cuerda consulta
mi voluntad dificulta;   180
y así, atento a ese cuidado,
tú, Matrimonio, enviado
con mi poder, donde está
irás.

Matrimonio   Tus plantas me da
a besar.

(Vase.)

Placer   Yo que callé   185
cuanto hablar lo serio fue,
hablando de bodas ya
    licencia tendré, señor,
para que contento diga
que la música prosiga.   190

Rey   Ven, que de mi nuevo amor
tú, Placer, anunciador
a todo el mundo has de ser.

Placer   Propio oficio de Placer
es llevar nuevas de gusto.   195

Volved todos, pues es justo,
hoy a cantar y tañer.

Música   Venid, mortales, venid
si queréis no serlo y eternos vivir,
que está aquí la Vida puesto que está aquí   200
quien, muriendo, a la Muerte ha de destruir.

(Vanse cantando y sale la Muerte, como escuchando con asombro los últimos versos.)

Muerte   ¿«Que aquí esta la vida, puesto que está aquí
quien, muriendo, a la Muerte ha dedestruir»?
    ¿Qué fábrica y qué voz,
una piramidal, otra veloz,   205
al Sol y al viento igual,
en lo veloz y en lo piramidal
opuestas sin desdén,
mis oídos oyen y mis ojos ven,
siendo así que una y otra admiración   210
todo me estremeciera el corazón,
si algo pudiera ser
que en lo mortal de mí, inmortal poder,
temor me diera, siendo yo el temor?
¿Qué horror, pues, se le atreve al mismo horror? 215
Mas ¡ay de mí!, que aunque
sé que no puedo yo temer, no sé
qué angustia, qué pasión
qué letargo, qué ansia, qué aflicción
me confunde al mirar   220
ese nuevo edificio singular
en quien deslumbra el diáfano arrebol,
su faz la Luna y su semblante el Sol,
y más, cielos, y más,

	cuando de fuentes y aves al compás,	225
	oigo a su dulce música decir	

Ella y música
　　　　　　　　Venid, mortales, venid,
si queréis no serlo y eternos vivir...

Muerte
　　　　　　　　¿Cómo, métrico engaño, puede ser
vivir eterno cuando da a entender　　　　　　　　　230
tu numerosa cláusula vocal
que habla con el mortal? Pues, si es mortal,
¿cómo eterno le anuncia tu canción?
Mortal y eterno ¿no es contradicción
que implica? ¿Sí? Pues, ¿cómo, cómo oí...　　　　235

Ella y música
　　　　　　　　... que aquí está la Vida, puesto que está aquí
quien, muriendo, a la Muerte ha de destruir?

Muerte
　　　　　　　　Pero mal, ¡ay de mí!, podré apurar
mi duda yo, si llego a reparar
que el edificio que mis ojos ven　　　　　　　　　240
rasgo es de aquella gran Jerusalén
que vio en el aire Juan,
a quien de esposa el atributo dan,
que al tálamo feliz
desciende ataviada Emperatriz.　　　　　　　　　245
¿Cómo, si ya quité
la vida a aquella que la esposa fue,
a otra con fausto igual
previenen uno y otro arco triunfal
en esta nueva sombra recebir?　　　　　　　　　250
Mas ¡ay, cuánto es en vano discurrir,
si en tanta confusión,
es de Dios, que no es mía, mi razón!
Y así, pues discurrir no me tocó,

dígamela quien sepa más que yo.   255
¡Ah del lóbrego horror
de esa profunda fábrica inferior
del mundo, cuyo vil
seno, poblado de sepulcros mil,
solo un sepulcro es!   260
¡Ah del abismo! ¡Ah del Pecado! Pues
hija tuya nací,
atiende.

(Sale el Pecado vestido de demonio.)

Pecado   ¿Qué me quieres?

Muerte   Oye.

Pecado   Di.

Muerte   Ya sabes que mi principio
fue en el hermoso jardín   265
de la original justicia,
adonde engendrada fui
de la voz de la serpiente,
llegándome a concebir
la oreja de la mujer,   270
y a alimentar desde allí
la culpa del hombre, para
que me viniese a parir
la abierta herida de Abel
por la mano de Caín,   275
siendo los cuatro costados
del solar en que nací
una mentira de un áspid,
un deseo mujeril,

un error inobediente 280
y un homicidio infeliz,
en cuya primera pavorosa lid
tuvo su principio quien de todo es fin.
Pero mal hago, mal hago
en alegar desde aquí 285
mi origen, puesto que es más
antiguo que referí;
pues aún no era de los cielos
el cristalino viril,
no eran del mar ni la tierra 290
el verde ni azul país,
no era el Sol, no era la Luna
noble luz o sombra vil,
plantas, fieras, peces ni aves,
cuando yo pienso que fui. 295
Pues antes que el todo y nada
tú me concebiste en ti
como embrión de tus iras,
cuando valiente adalid
de vasallos rebelados, 300
intentaste competir
la Divinidad; a cuyo
rumor de armas, confundir
se vio en la celeste curia
todo su eterno cenit, 305
escándalos dando al osado motín,
si ronca la caja, bastardo el clarín.
No me quiero detener
en pintar ni describir
tus ruinas o tus vitorias, 310
que bien se pueden decir
vitorias ruinas tan nobles
que se trujeron tras sí

el aplauso de emprender
ya que no el de conseguir;   315
pues solo toca a mi intento
que ya en el campo turquí,
o ya en la verde campaña,
hija de tu horror nací,
pues del pecado la muerte   320
miró el mundo introducir,
poniendo o tu maña o tu fuerza o tu ardid,
en uso el matar y en ley el morir.
No traidoramente afable,
para engañar y fingir,   325
a vista salí del siglo,
pues desde luego salí
tan horrorosa, tan fiera,
que al primer estrago di
a entender que venía a ser   330
bárbara, atroz y gentil,
tan doméstico veneno,
tan cauto ladrón sutil,
tan familiar enemigo
y batalla tan civil   335
del hombre, que tropezando
aun más que en su sombra en mí,
a todas horas me había
de tener dentro de sí;
a cuyo efeto cadáver   340
y homicida, a un tiempo vi,
estrenando uno la saña
y otro el golpe, confundir
los temblores de expirar
con los temblores de herir;   345
tanto, que pudiera mal,
aun el día, distinguir

la activa o pasiva acción,
viendo entre los dos teñir
en cárdeno, triste, troncado alhelí,   350
la faz y la mano un mismo carmín.
Desde este tremendo día,
cuya luz, a no lucir,
no haga número en el año,
poseyendo su matiz   355
caliginosas tinieblas
de un abril en otro abril,
desde este, pues, día tremendo,
la posesión adquirí
del más dilatado imperio   360
a que se pudo rendir
la humana naturaleza,
llegando toda a sentir
el yugo de mi poder
en su agobiada cerviz;   365
tanto, que de mis tributos
fue el universal confín
del mundo juridición,
cuando anegado le vi
en un diluvio de llanto   370
llorando a su Emperatriz;
y aunque empecé en tiranía
(no lo he de contradecir),
hereditaria me hice,
ganando decretos mil   375
que me establecieron haber de seguir
a una vez nacer, una vez morir.
Pues siendo así que lo afirma
el cielo en Pablo y David,
y es ley suya que no tiene   380
que interpretar ni argüir,

¿cómo esa fáblica bella
en quien se ven esculpir
a mordeduras del bronce,
del pórfido y del marfil,   385
el crisolito y topacio,
la amatista y el rubí,
esa casa de placer,
mejor pudiera decir
casa fuerte, pues a partes,   390
ya vergel, ya rebellín,
ostenta de Jericó
los muros y de Efraín
las amenidades, siendo
lo menos precioso ahí   395
lo precioso; pues aunque
a porfías del buril
y a tareas del cincel,
se ven enlazar y unir
en plata y en oro Pactolo y Ofir,   400
y en palmas y cedros Líbano y Setín,
aún no es esto lo que más
me ha obligado a discurrir
(y no sé cómo te diga
que a suspirar y gemir)   405
sino cuatro frutos que
miro su cerca incluir,
persuadiéndome a que en ella
estoy viendo desde aquí
las olivas del Cedrón,   410
las fuentes de Rafidín,
las espigas de Belén
y las viñas de Engadí,
mostrando algún grande misterio feliz
el agua y el olio, la espiga y la vid?   415

¿Cómo esa máquina, pues,
contra mí y aun contra ti,
en su recinto y su acento,
convida al hombre a vivir
eterno, si ya no tiene   420
trasplantada la raíz
de aquel árbol de la Vida,
por quien Dios mandó salir
al hombre del paraíso?
Pues no fuera, siendo así   425
que la fruta de aquel árbol
le había de restituir
a la Vida, que le diera
la guarda del querubín.
Estas, pues, contradiciones   430
a mí me trayn tan sin mí
que para librarme de ellas
te llamé; y porque no aquí
te dejes de mi ilusión
o vencer o persuadir,   435
llega tú, llega, verás
con cuánta razón sentí,
con cuánta ocasión dudé,
con cuánta causa gemí,
con cuánto temor y cuánto   440
asombro, el asombro, en fin,
tiembla, gime, siente y llora
oyendo a esa voz decir

Ella y música   Que aquí está la Vida, puesto que está aquí
quien, muriendo, a la Muerte ha de destruir.   445

Pecado   La voz escuché, y no menos
que a ti te admiró, me admira,

a cuyo acento, la ira
deja mis discursos llenos
de más confusión que a ti,   450
cuanto es la pena más grave
desde el que duda al que sabe.
Alta inteligencia fui
y aunque en la gran competencia
de mi lid sangrienta y dura,   455
perdí gracia y hermosura,
no perdí ingenio ni ciencia;
y con todo eso, no puedo
rastrear ni percebir
lo que esa voz va a decir,   460
a cuyo sentido quedo
atónito y elevado,
tanto, que juzgo anda aquí
un misterio, que de mí
tiene el cielo reservado,   465
de quien fue figura aquella
grande escala que ceñía
cielo y tierra, en que se vía
subir y bajar por ella
tropas de alados querubes,   470
bien como aquí resplandores
del tapete de las flores
al volante de las nubes.

Muerte   Gente de ella veo salir.

Pecado   Retírate y no te mueve.   475

(Sale el Placer.)

Placer   Lo que es en ir, seré breve

24

	mas no lo seré en venir	
	porque aunque soy el Placer	
	y sé correr y volar,	
	siempre he sido de ausentar	480
	más fácil que de volver.	

Pecado	¿Hasle conocido?	
Muerte	No.	
Pecado	Ni yo.	
Muerte	Pues ¿quién podrá ser	
	humano, que a conocer	
	no llegamos tú ni yo?	485
Pecado	Déjale llegar, veremos	
	si le podemos asir.	
Placer	Ahora bien, si hemos de ir,	
	señor, camino, cantemos.	
(Canta.)	Venid, mortales, venid,	490
	si queréis no serlo y eternos vivir	
	que aquí está...	

(Detiénenle los dos, cada uno de una mano.)

Los dos	Tente, villano.	
Placer	Cielos, ¿qué es lo que me pasa	
	que una mano se me abrasa	
	y se me hiela otra mano?	495
Pecado	¿Quién eres?	

Placer	Era el Placer mas, ya que aquí vine a dar, debo de ser el Pesar.
Pecado	Fuerza era haberlo de ser, pues ninguno de los dos pudo haberte conocido, que nunca te hemos tenido.
Placer	Ni agora, plugiera a Dios, tan tenido me tuvieran.
Muerte	Esto no es tenerte yo sino embarazar que no te tengan los que te esperan y saber, si Placer eres, cómo te arroja de sí quien ahí vive.
Placer	Porque ahí cuantos quedan son placeres.
Pecado	Pues ¿qué alcázar ese es que al Sol sus torres eleva?
Placer	Una república nueva, una nueva corte que del Austro el Rey soberano para templo fabricó de la esposa que eligió.
Pecado	¿Qué Rey puede ser, villano, que yo no conozco?

500

505

510

515

Placer	Un Rey,	520
	tan humano y tan divino,	
	que, siendo Austral, a dar vino	
	al clima occidental ley,	
	tan de Gracia, que la da	
	de balde su condición.	525
Muerte	¿Qué señas tiene?	
Placer	El León	
	coronado de Judá	
	es su empresa y, como viene	
	a dar vida y lo mostró	
	en Magdalo, dél tomó	530
	el castillo y así tiene	
	su alcázar para más fama	
	ilustrados sus blasones	
	de castillos y leones.	
Pecado	Dinos ya, ¿cómo se llama?	535
Placer	Si es león, ¿no consideras	
	que ya su nombre anticipo	
	en sus señas, pues Filipo	
	es ser domador de fieras?	
Muerte	¿Con quién casa?	
Placer	¡Oh, cielo santo!	540
Pecado	¿Qué hay que agora te alborote?	
Placer	Denme con este garrote	

	y no me pregunten tanto.	
Muerte	¿Con quién casa?, di.	
Placer	En su corte	
	la paz es su mejor plaustro	545
	y así, con ser Rey del Austro,	
	la ha firmado con el Norte	
	en esperanzas de que	
	de su grande monarquía	
	los rebeldes a porfía	550
	se han de reducir.	
Pecado	¿Por qué?	
Placer	Porque en ella dos que infiero	
	talar poblado y campiña,	
(A la Muerte.)	uno es ave de rapiña,	
(Al Pecado.)	otro es lobo carnicero,	555
	y así, aves y fieras mal	
	lograrán su pretensión,	
	casándose el real león	
	con el águila imperial:	
	del alta Alemania viene	560
	la bella esposa que adora.	
Muerte	¿Y tú dónde vas agora?	
Placer	Como sus bodas previene,	
	un convite voy a hacer	
	de su parte.	
Pecado	¿A quién, villano?	565

Placer	A todo el género humano.
Muerte	Pues ¿a ti te han de creer?
Placer	Sí, que llevo cartas yo de grande crédito y fe.
Pecado	¿Dónde están?
Placer	Yo lo diré; 570 estas son, que él me mandó que las dé, sin escetar personas.

(Dale unos memoriales y, mientras leen, huye el Placer.)

Muerte	Su nema abramos y lo que dicen veamos.
Placer (Aparte.)	Yo, en tanto he de procurar, 575 como dicen, escurrir la bola, solo por ver si es que es verdad que el Placer siempre se va sin sentir.

(Vase.)

Muerte	¿Cúya esa primera es? 580
Pecado	A lo que en la firma veo, letra y signo es de Mateo.
Muerte	¿Y qué dice?

Pecado	Escucha, pues:

(Lee un memorial.)   «Convida el Rey a sus bodas
                          príncipes y emperadores,   585
                          potentados y señores
                          y luego a las gentes todas,
                          desde el Rey al peregrino,
                          que a nadie excepta, y admite
                          los pobres a su convite».   590

(Lee otro.)   «Estas bodas que previno
                          el Rey, ser dos imagina:
                          una, la naturaleza
                          humana, otra, la pureza
                          de la Iglesia y Fe divina;   595
                          y así, creer es notorio
                          que tuvo en unión piadosa
                          primera y segunda esposa».

Muerte	¿Y quién dice eso?

Pecado	Gregorio.

(Lee otro.)   «Quien comiere de este Pan   600
                          y deste Vino bebiere,
                          eterno vivir espere.»

Muerte	¿Y eso quién lo dice?

Pecado	Juan.

(Lee otro.)   «Oíd, gentes, con todos hablo:
                          quien coma deste Pan fiel   605
                          vive en Mí y Yo vivo en él
                          Vida, en que no hay Muerte. Pablo.»

Muerte	No leas más, que me enfurece	
	tan nueva proposición	
	y quebrado el corazón	610
	dentro del pecho, parece	
	que a pedazos mis enojos	
	le arrojan con ira loca,	
	en suspiros a la boca	
	y en lágrimas a los ojos.	615
	¿No es ley del cielo severa	
	que en pecado concebido	
	nazca el hombre y que, nacido,	
	solo porque nace, muera?	
	Pues ¿quién inmortal le ha hecho?	620
Pecado	¿Qué me preguntas, si miras	
	que el veneno de tus iras	
	es víbora de mi pecho?	
	¿Qué se hizo el Placer?	
Muerte	Huyó,	
	que después de conocelle	625
	era fuerza que tenelle	
	no pudiésemos tú y yo.	
Pecado	Pues harto nos importara	
	porque la voz no corriera	
	desto a la Esposa.	
Muerte	No fuera	630
	posible que se estorbara	
	pues, águila perspicaz,	
	bien que del Sol no lo fui,	
	estoy viendo desde aquí	

que, como el arco de paz   635
es tranquilo testimonio,
así obediente a la ley,
con poderes de su Rey,
capitula el Matrimonio.

Pecado   En solio la Reina está,   640
              cuando el joven llega a ella.

Muerte   Oye al saludalla y vella
              la embajada que la da
              advirtiendo que no es
              primera salutación   645
              sino segunda alusión
              de haber de reinar después.

(Ábrese el primer carro y vense en él la Esposa en un trono y el Matrimonio
hincada la rodilla.)

Pecado   ¡Oh, quién de una vez cegara!
              ¡No viera en el Sacro Imperio
              repetido aquel misterio   650
              que a mí no se me declara!

Matrimonio   Si Exaltación María es,
              si Ana es Gracia soberana,
              bien, de quien es María y Ana,
              podré humillado a los pies,   655
              donde el Sol sus rayos peina,
              con la fe y amor que tengo,
              pues como a mi Reina vengo,
              decir: Dios te salve, Reina

Música   Dios te salve, Reina.   660

Matrimonio	Para vencer la discordia
	de nuestros llantos prolijos,
	ven a ser de muchos hijos
Él y música	Madre de Misericordia.
Matrimonio	Que templará tu amor muestra 665
	de la Muerte la amargura
	pues eres Vida y dulzura,
Música	Vida y dulzura,
Matrimonio	y eres
Él y música	Esperanza nuestra.
Muerte	Oírlo admira.
Pecado	Verlo eleva. 670
Matrimonio	Los que en este valle estamos,
	llorando a Ti suspiramos,
Música	a Ti suspiramos,
Él y música	desterrados hijos de Eva.
Matrimonio	La voz mi espíritu adiestra, 675
	ven, pues que su llanto ves,
	ven a enjugársele, ea, pues,
Música	ea, pues,

Él y música	Señora, Abogada nuestra.	
Matrimonio	A ampararnos te resuelve, pues nos ves menesterosos	680
Él y música	y esos misericordiosos ojos a nosotros vuelve.	
Matrimonio	Y pues en penas extrañas lamentando están su yerro,	
Él y música	danos en este destierro el fruto de tus entrañas.	685
Esposa	Si liberal y piadoso tu Rey, viendo mi humildad, quiere, con la majestad de ser Todopoderoso, hacerme grande, sus dones a tanto me ensalzarán que beata me dirán todas las generaciones; y así, atenta mi humildad, solo dirá con temor:	690 695
Ella y música	esclava soy del Señor, cúmplase su voluntad.	
Matrimonio	Con solo esa dulce, grave voz, que el sí pudo firmar, ven, Señora, que en el mar de Pedro espera la Nave, que galera no ha de ser la embarcación de tus hados,	700

	porque es bajel de forzados	705
	y en Ti no los ha de haber.	
	Ven, que la tranquilidad	
	lleva el iris de tu amor.	

Esposa   Esclava soy del Señor,
            cúmplase su voluntad.   710

Música   Esclava soy del Señor,
            cúmplase su voluntad.

(Ciérrase la apariencia.)

Muerte   ¿Ves cómo imposible fuera
            las nuevas embarazar?

Pecado   Monstruo me llamó del mar,   715
            de la tierra bestia fiera
            Juan; y así, con ira suma,
            en tanto que aquella nave
            tormenta padece grave
            sobre esos campos de espuma,   720
            he de salir al camino
            para que a ese gremio fiel,
            ni a ese banquete, por él
            no nos pase peregrino.

Muerte   Dices bien y en eso fundo   725
            su persecución primera:
            quien viniere al mundo, muera.

Pecado   Muera, y en culpa.

(Dentro el Hombre y, abriéndose un peñasco, sale dél vestido de peregrino con una hacha en la mano, la cual se ha de componer de seis velas, de manera que pueda dividirse en seis luces, cada una de por sí.)

Hombre	¡Ah del mundo!	
Muerte	Oye, que un triste clamor en las entrañas se encierra de la tierra.	730
Pecado	Es que la tierra de parto está con dolor y así el orbe cristalino con tan triste, tan profundo gemido hiere.	
Hombre	¡Ah del mundo!	735
Los dos	¿Quién va?	
Hombre	El Hombre, el peregrino	

(Sale en medio de los dos.)

	que a puertas del nacer llama, tan torpe, tan extranjero, que ignora el paso primero aunque le alumbre la llama de la vida.	740
Pecado	Llega, que la senda mi voz te dice. Ven hacia mí.	

Hombre (Va hacia él y se espanta.)
                    ¡Ay, infelice!

Pecado   ¿Por qué te asombras?

Hombre   Porque
                    en el primer paso vi   745
(Llorando.)   un horror que me asustó.

Pecado   ¿Hasme conocido?

Hombre   No.

Pecado   ¿Y lloras de verme?

Hombre   Sí.
                    Lágrimas son el primero
                    fruto que a la tierra doy.   750
                    ¿Quién eres?

Pecado   Tu culpa soy.

Hombre   Pues nacer en ti no quiero
                    sino al centro en que viví
                    volverme.

Pecado   Ya no podrás,
                    que el nacer no vuelve atrás   755
                    ni se elige. Desde aquí
                    adelante has de ir.

Hombre   Huiré
                    de ti.

| Pecado | Mal podrás, contigo |
| | voy, dondequiera te sigo. |

Hombre (Huyendo del Pecado da con la Muerte.)
| | ¡Ay de mí! Huyendo encontré, | 760 |
| | un horror, otro más fuerte. |

Muerte	Fuerza era, siendo engendrado
	en las manos del Pecado,
	pasar a las de la Muerte.

| Hombre | Pues también huiré de ti. | 765 |

(Acércase más a ella y el Pecado tras él.)

Muerte	Mira cómo no podrás,
	pues cualquier paso que das
	de mí huyendo, es hacia mí,
	sin poder desde este instante
	los dos, entre quien estás,	770
	huir, ni dél volviendo atrás,
	ni de mí, yendo adelante.

Hombre	Triste trance, dolor fuerte
	es nacer en tal estado
	que a mí me siga el Pecado	775
	y que yo siga a la Muerte.

(Cae huyendo del Pecado en manos de la Muerte.)

Muerte	En mis manos estás, pero
	no has los alientos cumplido
	que el cielo te ha concedido,
	y así su número espero	780

	para apagar mi crueldad	
	esa llama.	
Hombre	¿Luego son...	
Muerte	Di.	
Hombre	...tuya la ejecución	
	y de otro la voluntad?	
Muerte	Sí, porque si, siendo mía,	785
	yo mi voluntad gozara,	
	de solo un soplo apagara	
	todas las luces del día.	
Hombre	Perdí el miedo a tu violencia,	
	que a aquel no he de temer yo	790
	que el golpe ha de dar sino	
	al que ha de dar la licencia;	
	y así, mi afecto leal	
	busque al que a ti te enfrenó.	
Muerte	¿Quién esa razón te dio?	795
Hombre	¿Quién? La razón natural.	
	Pues si hay quien mande a la Muerte,	
	causa es de causas, sin duda,	
	y es bien que a buscarle acuda.	
Muerte	Pues para que de esa suerte	800
	no blasones, has de ver	
	el imperio que mi fama	
	tiene sobre aquesa llama,	
	aun antes de fallecer.	

Mira cómo mi crueldad 805
mata desde el primer día
con el sueño, imagen mía,
de esa antorcha una mitad.

(Quita una vela del hacha y apágala.)

Mira a hambre y sed cómo luego
otra mitad desfallece. 810
(Otra.) Mira el mal que se padece
cuánto apaga de ese fuego.
(Otra.) Mira ansia, angustia, tristeza,
cansancio, ambición y anhelo,
(Otra.) desdicha, pena y desvelo 815
necesidad y pobreza,
(Otra.) de aquesa luz que recibes,
cómo apagan cuanto toco
y mira agora cuán poco
aun de lo que vives, vives. 820

(Queda con una vela sola.)

¿Qué se hizo la llama bella
que a despecho de los dos
ardía?

Hombre ¡Válgame Dios,
qué poco me quedó de ella!
¡Con qué anticipado horror, 825
a millares de millares
nos usurpan los pesares
de la vida lo mejor!
    ¡Oh, tú, antorcha que en esa breve, en esa
tibia llama contienes sombras sumas, 830

no por hermosa de inmortal presumas,
pues puedes ser, antes que luz, pavesa.
Si no ardes, mueres pues tu lumbre cesa.
Si ardes, también, pues fuerza es te consumas.
Luego ardiendo y no ardiendo, siempre ahúmas   835
las lóbregas paredes de la güesa.
¡Qué luciente, qué bella te creía
cuando, cabal, no imaginé que pueda
deslucirte la edad del primer día!
¡Oh, mortal! ¡Oh, mortal! Deshaz la rueda,   840
pues de vida, a merced de la agonía,
lo que te queda es lo que aún no te queda.
Pero esto poco, esto poco
procuraré aprovechar.

Pecado   ¿De qué suerte?

Hombre   Con buscar   845
los desengaños que toco.

Muerte   ¿Dónde hallarlos piensas, di?

Hombre   ¿No hay quien te mande, cruel?
Pues con buscarle yo a él,
él me sabrá hallar a mí.   850

Pecado   Por donde quiera que fueres
de mi esclavo llevarás
la marca.

Muerte   Con que jamás
blasonar de libre esperes.

(Cógenle entre los dos, la Muerte le tiene las manos y el Pecado le pone un hierro en la frente, y él huyendo llega a la puerta del carro donde entró el Rey y sacramentos.)

Hombre	¡Ah de ese palacio! ¿No	855
	hay gente ninguna aquí	
	que me favorezca?	
(Dentro música.)	Sí.	

Los dos	¿Quién podrá ampararle?

(Sale el Bautismo con un aguamanil y toalla al hombro.)

Bautismo	Yo.

Pecado	¿Quién eres, infante tierno...

Muerte	¿Quién eres, cándido niño...	860

Pecado	...que deste soberbio alcázar...

Muerte	...que deste grande edificio...

Los dos	...a la primer puerta estás?

Bautismo	Soy el primero ministro	
	de cuantos para su esposa	865
	tiene el Rey en su servicio.	

Pecado	¿Y qué pretendes?

Muerte	¿Qué intentas?

Bautismo	Deste mortal peregrino

	oí la voz y a darle vengo favor.	
Pecado	Es esclavo mío y contra su dueño, nadie tiene en esclavos dominio.	870
Bautismo	El Rey es dueño de todos, y a aquel que injusticia hizo a su esclavo, puede el Rey sobreseer en su castigo, y aun libertársele.	875
Pecado	¿Cómo el hierro que yo le imprimo podrá borrársele nadie?	
Bautismo (Al Hombre.)	Así. ¿Qué pides?	
Hombre	Fe pido para creer tus misterios.	880
Bautismo	Pues con este cristalino licor, la mancha te lava del hierro, que esclavo te hizo.	

(Échale agua, lávase la frente y quítase el hierro.)

(Al Pecado.)	Mira si con la ablución del agua que da el Bautismo de la marca del Pecado ha quedado libre y limpio.	885

Pecado	Limpio sí, por causa oculta
	quizá que esa agua ha tenido;	890
	libre no, que aún es mi esclavo
	porque, habiéndolo nacido,
	¿quién le ha dado libertad?

Bautismo	Si esclavo el nacer le hizo,
	el nacer segunda vez	895
	se la ha dado.

Pecado	¡Qué delirio!
	Porque ¿cómo —mas bajeza
	siendo un tierno infante, niño,
	aún no capaz de razón,
	es ponerme a argüir contigo—	900
	habrá quien por ti se atreva,
	en adulta edad crecido,
	siendo ciencia yo de ciencias,
	a escuchar mis silogismos
	y responder a ellos?

(Sale la Confirmación con una pistola en la mano, y pasando del Bautismo, el Hombre se pone al lado de la Confirmación.)

Confirmación	Yo,	905
	que cuanto él dice, confirmo.
(Al Hombre.)	Pasa a más perfecta edad
	y atiende a lo que argüimos.

Hombre	¡Oh, en un instante, que apenas
	la verde juventud piso,	910
	qué de mundo he descubierto
	y qué de cosas he visto!

Muerte	Absorta estoy de mirar tan nunca usados prodigios.	

(Retírase.)

Confirmación	¿Qué aguardas? Prosigue, pues. ¿Qué decías?	915
Pecado	Que es delirio pensar que pueda volver al vientre de que ha nacido el Hombre a vivir de nuevo.	
Confirmación	El Bautismo no te ha dicho que ha de nacer de la carne y natural apetito sino que, regenerado, puede nacer de Dios mismo, hijo de Dios por la Gracia.	920 925
Pecado	¿Quién lo dijo?	
Confirmación	Juan lo dijo.	
Pecado	También el día en que nace dijo Job que era maldito; y David lloró el que fuese en pecado concebido; y en él, también Pablo dice que todos son comprendidos. Luego, para un texto tuyo, tres afirman que ha nacido el Hombre en pecado, luego nace mi esclavo.	930 935

Confirmación	Distingo: hasta aquella ablución de agua que segunda Vida ha sido, concedo. Desde ella, niego.
Pecado	A la distinción replico: 940 ¿quién da esa segunda Vida?
Confirmación	Quien lo es, Verdad y Camino.
Pecado	Camino, Vida y Verdad ¿quién lo es en el mundo?
Confirmación	Cristo,

(Dispara la pistola y cayendo el Pecado llega donde estaba retirada la Muerte.)

	cuyo nombre es rayo que 945 yo en mi fortaleza vibro.
Pecado	Calla, que esa voz me ha muerto; rayo ha sido, rayo ha sido, que aun antes que con la llama me mató con el aviso 950 de ese misterioso Nombre, en tantas sombras previsto. ¡Ay, Muerte, si tú lo fueras para mí, cuando rendido con otro carácter veo 955 borrado el carácter mío!
Muerte	¡Ah, cobarde, cómo vuelves, no sin infamia, vencido!

	Mas yo mi juridición	
	no he de dar a esos partidos.	960

(Quédase el Pecado y pasa la Muerte por delante de Bautismo y Confirmación.)

Bautismo   ¿Quién va?

Muerte   La Muerte del Hombre.

Bautismo   ¿La natural del sentido
                             o la sobrenatural
                             del alma, que yo le libro?

Muerte   La natural.

Bautismo   Pase, que a esa   965
                             yo la entrada no resisto.

Confirmación   Ni yo.

Muerte   Mortal me le dejan
                             Confirmación y Bautismo.

Hombre   ¿Qué me quieres, viva sombra,
                             que aun en el sacro distrito   970
                             de este alcázar no me dejas?

Muerte   Que veas que en él te sigo
                             porque para mí no hay
                             cerrado ningún retiro.

Hombre   ¡Oh, no dejaras siquiera   975
                             que gozara sin peligro
                             la juventud de mis años

en objetos tan distintos
como la vida me ofrece!
Pero en ellos divertido   980
daré al olvido tu asombro.

(Vuélvela las espaldas.)

Pecado   La Muerte pone en olvido
                        sin advertir cuánto están
                        ella y la llama vecinos.
                        Pues no desconfíe hasta ver   985
                        si vuelvo a él o me retiro...

(Retírase.)

Hombre   ¡Qué de pobladas ciudades,
                        qué de hermosos edificios,
                        qué de diversos comercios,
                        qué de varios ejercicios   990
                        el uso de la razón
                        divierten, desvanecido
                        mi noble ser de mirarse
                        de tantos aplausos digno!

(A estos versos Bautismo y Confirmación se ponen las manos en los ojos. La
Muerte hace señas llamando al Pecado y él vuelve a acercarse al Hombre por
delante de los dos.)

                        ¡Qué heroica es la majestad!   995
                        ¡Quién ciñera sus invictos
                        laureles, aunque comprara
                        sus obsequios a homicidios!
                        ¡Oh, en desiguales estados,
                        si bienes y males miro,   1000

lo que me ofenden los pobres,
lo que me agradan los ricos,
con la opulencia en sus mesas,
donde destilar envidio
los ámbares en las aguas,   1005
los néctares en los vinos!
Pero entre cuantos adornos
hay en el mundo exquisitos,
¡qué hermosas son las mujeres!
Los milagros son del siglo,   1010
la menos bella, es tan bella
que me arrastra el albedrío
porque acompaña lo airoso
la soledad de lo lindo.
Cualquiera se lleva el alma,   1015
tras ellas voy, mas... ¿qué miro?

(Ve al Pecado junto a sí.)

                  ¿A qué vuelven tus horrores?

Pecado   A que vuelvas a ser mío.

Hombre (A Bautismo y Confirmación.)
                  ¿Por qué permitís los dos
                  que haya estas puertas rompido?   1020

Los dos   Porque para entrar por ellas
                  las has abierto tú mismo.

Hombre   ¿Yo abrí la puerta al Pecado?

Los dos   Sí, en haberle consentido.

Hombre	¿Por eso me habláis los dos	1025
	ya con ceño y sin cariño?	
Los dos	¿Cómo quieres que te hablemos	
	si has nuestra gracia perdido?	
Hombre	¿El Bautismo perdí?	
Bautismo	No,	
	que el carácter que te dimos	1030
	fijo se queda en el alma.	
Confirmación	Pero injuriado, aunque fijo.	
Hombre	¡Ay, infelice de mí!	
Pecado	¡Ay, Muerte, prevén el filo,	
	que va a llorar, no le des	1035
	lugar para conseguirlo.	
Muerte	No puedo, que aún hay materia	
	que cebe aquel fuego activo,	
	y no ha cumplido el contado	
	número de sus suspiros.	1040
Pecado	No llores, vuelve a correr	
	ese campo de los vicios.	
Hombre	No quiero, sino llorarlos	
	ya que llegué a consentirlos,	
	por ver si segunda vez	1045
	con agua también te rindo,	
	porque si aquella primera	
	el hierro me borró esquivo,	

	¿quién duda que a esta segunda	
	pueda acontecer lo mismo?	1050
	Que puesto que tiene el agua	
	sobre tus fuerzas dominio,	
	hoy de una causa he de ver	
	si dos efetos consigo,	
	una vez porque la vierto	1055
	y otra porque la recibo.	

Pecado   Yo también porque segunda
vez no suceda lo mismo,
haré del hierro cadena
porque otra vez fugitivo   1060
huir no puedas, consiguiendo
los dos efetos distintos
también de una causa yo,
tu hierro haciéndote mío
una vez porque le ato,   1065

(Pónele una cadena al pie.)

                  y otra vez porque le imprimo.
                  Huye agora.

Hombre   Mal podré,
que es muy grave, es muy prolijo
el lazo desta cadena,
a quien se sigue un delirio,   1070
un letargo que amenaza
con últimos parasismos
mi vida. Mortal estoy,
¿a quién en tanto conflito
remedio pediré?

Pecado	¿Quién	1075
	quieres, preso en esos grillos	
	que pueda dártele?	

(Sale la Penitencia vestido de pieles.)

Penitencia	Yo.	
Pecado	¡Otro asombro!	
Muerte	¡Otro prodigio!	
Pecado	Triste horror, que en bruta güesa	
	yaces esqueleto vivo,	1080
	¿cómo has de curarle tú?	

Penitencia		
(Al Hombre.)	¿No dices que arrepentido	
	lloras aquella soberbia	
	pasada, aquel apetito	
	de lascivias y viandas,	1085
	el deseo de homicidios,	
	el desprecio de los pobres	
	y la envidia de los ricos?	

Hombre	Y una y mil veces llorando	
	lo confieso y lo repito.	1090

Penitencia	Pues yo de las ataduras	
	y vínculos que cautivo	
	te tienen, te absuelvo;	
(Quítale la cadena.)	pasa	
	mi puerta también.	

Pecado	Divinos
	cielos, ¿qué familia es esta 1095
	que a la esposa se previno,
	toda misteriosa, y tanto,
	que quita al pecado mismo,
	primero los heredados,
	y después los cometidos? 1100
Muerte	No sé; pero sé que a tanto
	asombro, fiera, me irrito
	y violentamente quiero,
	sin punto esperar preciso,
	apagar la llama.
Pecado	Tente. 1105
Muerte	¿Tú lo evitas?
Pecado	Yo lo evito,
	que no me está bien que muera
	tras la confesión que hizo.
Bautismo	Ya que por la Penitencia...
Confirmación	...libre otra vez le hemos visto... 1110
Bautismo	...vuelve a salir del palacio...
Confirmación	...vuelve a dejar este sitio.

(Echan los dos al Pecado.)

Hombre	¡Cuánto me güelgo de ver
	a los dos en favor mío!

| Los dos | A nuestra gracia volviste | 1115 |
| | con haberte arrepentido. | |

Pecado	¿Qué importará si yo vuelvo	
	a prevaricar su juicio	
	pues perderá vuestra gracia	
	siempre que él vuelva a su vicio?	1120
	A cuyo efeto, pues sé	
	que está su mayor alivio	
	afianzado en la segunda	
	esposa, a quien se previno	
	esta familia y alcázar,	1125
	en tantas señas previstos	
	como la primera vio	
	en sombras, lejos y visos,	
	porque a consumar no llegue	
	el Matrimonio, que ha ido	1130
	por ella, sus bodas, yo	
	sabré salirle al camino	
	por tierra y mar impidiendo	
	el paso; pues hay quien dijo	
	que soy huracán del mar	1135
	y de la tierra vestiglo.	

(Vase.)

Hombre	Ya que el Pecado de aquí	
	ahuyentan vuestros designios,	
	¿cómo no ahuyentan la Muerte?	

Bautismo	Como contra un enemigo	1140
	tan doméstico no hay	
	fuerza en nosotros.	

Confirmación	Preciso
	es que siempre ande tras ti,
	sin saber cuándo los filos
	de su acero cortarán 1145
	tus alientos.
Hombre	¿Luego vivo
	tan a merced que no tengo
	seguro instante, pues miro
	sujeta a un soplo la vida
	y el alma pendiente a un hilo? 1150
Penitencia	Contra ese susto podrás
	cobrar fuerzas, tener bríos,
	si al verte dibilitado,
	pides remedio.
Hombre	Sí pido.
Penitencia	En necesidad extrema 1155
	yo le ofrezco.
Hombre	Y yo le admito.
Penitencia	Y agora, porque confortes
	del accidente el perdido
	aliento y ánimo, yo,
	como médico divino, 1160
	en tu dibilitación
	comer y beber permito,
	con que aumentos de la vida
	cobres.

Muerte	A aqueso replico:	
	¿quién puede darle manjar	1165
	que pueda restituido	
	la vida aumentarle?	

(Sale la Comunión con cáliz y hostia.)

Comunión	Yo.	
Muerte	¿En qué?	
Comunión	En este Pan y Vino.	
Muerte	Pan y Vino no bastante	
	alimento al hombre ha sido.	1170
Comunión	Sí ha sido, pues, elevado,	
	la Comunión, que es mi oficio,	
	carne y sangre lo hará.	
Hombre	Así	
	lo creo, con solo oírlo.	
Muerte	Bueno es que por complacer	1175
	al sentido del oído,	
	abandones todo el resto	
	de esotros cuatro sentidos.	
Hombre	¿Qué mucho si el oído lleva	
	mi entendimiento cautivo?	1180
Muerte	¿Quién te lo ha dicho?	

(Sale la Orden sacerdotal.)

Orden	La Orden
	Sacerdotal se lo ha dicho.

| Muerte | Pues, ¿qué Pan y Vino es este? |

Orden	El Pan, el blando rocío
	que llovió el cielo en maná.

1185

	Y el Vino, el fértil racimo
	de tierra de promisión,
	no sin misterio exprimido
	en la viña del lagar
	que Isaías nos predijo.

1190

| | Y, en fin, esto es Pan de Vida. |

Muerte	¿De Vida? ¡Tiemblo al oírlo!
	¿Cómo (¡dos veces soy hielo!)
	puede (¡veneno respiro!)
	un Pan, (¡de cólera tiemblo!)

1195

	que solo es Pan, (¡de ira gimo!)
	dar (¡con mi aliento me ahogo!)
	Vida, (¡con mi voz me aflijo!)
	si yo (¡un áspid es mi pecho!)
	soy (¡mi vida un basilisco!)

1200

	Muerte que, contra la Vida,
	para solo matar vivo?
	Y, pues de aquella luz veo
	pulsar los rayos más tibios,
	sin esperar más licencia,

1205

	violentamente me animo
	a ver qué aumentos de Vida
	le dan ese Pan y Vino.

(Va a embestir con él, pónense todos delante, y ella los va apartando hasta llegar al Orden sacerdotal.)

Hombre   Valedme todos.

Todos (A la Muerte.) Detente.

Muerte   Mal podréis templar mis bríos,   1210
                     que nadie a la Muerte impide
                     que a todo humano destino,
                     si con el golpe no llega,
                     no llegue con el aviso.

(Pasa del Bautismo.)

Bautismo   ¡Rey y Señor!

Muerte   No responde   1215
                     a tu voz.

Confirmación   ¡Monarca invicto!

Muerte   Ni a la tuya.

(Pasa de la Confirmación.)

Penitencia   ¡León cordero!

Comunión   ¡Padre y Rey!

Muerte   Aún no os ha oído.

(Pasa de los dos.)

Orden	Hombre Dios, pues que dijiste	
	esto es Sangre y Cuerpo mío,	1220
	ven a mis voces.	

(Sale el Rey.)

Rey	Sí haré,	
	porque a esas palabras cinco,	
	en boca del Sacerdocio,	
	veáis todos cuán pronto asisto.	
	¿Qué ha sido esto?	

Hombre	Si es dudarlo	1225
	por complacerte de oírlo,	
	puesto que tú no lo ignoras,	
	esto, gran señor, ha sido	
	llegar humilde a tus plantas	
	amparado del Bautismo,	1230
	Confirmación, Penitencia,	
	y Comunión, peregrino	
	el Hombre, huyendo esa fiera.	
	Y, supuesto que a dos visos	
	en esta llama, la vida	1235
	de alma y cuerpo significo,	
	que tú pusiste en mi mano,	
	para usar a mi albedrío	
	de una y otra, aunque conozco	
	cuánto es tuyo su dominio	1240
	y que tú puedes quitarla,	
	a dártela me anticipo	
	porque goces voluntario	
	lo que pudieras preciso.	
	Mi vida y alma en tus manos,	1245

(Dale el hacha.)	con mi voluntad resigno.	
	Defiéndelas tú, que yo	
	no basto contra enemigo	
	tan poderoso; y así,	
	dél huyendo, me retiro	1250
	deste suntuoso alcázar	
	al más tenebroso limbo.	
	Admite, ya que no el don,	
	del don el culto.	

(Vase.)

Rey	Sí admito,	
	porque vean los mortales	1255
	que tienen Rey tan benigno	
	que toma sobre sus hombros	
	de su vida los conflictos,	
	ansias y tribulaciones;	
	y que habiéndose seguido	1260
	aquesta resignación	
	al sacramento divino	
	de la Comunión, el Hombre	
	en Mí vive y Yo en él vivo.	
	Y pues ya la humana vida	1265
	está en mi mano y recibo	
	en ella sus propensiones,	
(A la Muerte.)	¿qué aguardas? Prevén el filo	
	contra mí, que contra él	
	habías, fiera, prevenido.	1270

Muerte	Sí haré. Mas ¡ay, infeliz!	
	que al intentar conseguirlo,	
	de tal suerte me estremezco,	
	me pasmo y me atemorizo,	

	que pienso que tierra y cielo	1275
	me están diciendo al oído:	
(Dentro.)	«¡Arma, arma, guerra, guerra!»	

(Cajas dentro.)

Todos   ¿Qué estruendo de armas, qué ruido
es este?

(Sale el Placer.)

Placer [Al Rey.]   Volver Pesar
el que Placer había ido   1280
al convite de tus bodas.
Fui el primero al Judaísmo
y, habiéndole de ti dado
claras noticias, me dijo
que tal Rey no conocía.   1285
De allí pasé al Gentilismo
el cual, viéndose ocupado
en los torpes sacrificios
de sus dioses, se excusó
diciendo, señor, lo mismo.   1290
De suerte que si no son
cuatro pobres peregrinos
y míseros pescadores,
ninguno escucharme quiso;
y aún no para aquí el rencor   1295
de ambos pueblos que, movidos
de infame espíritu que
se ha en sus pechos revestido,
en vez de venir alegres,
corteses y agradecidos   1300
al aplauso de tus bodas,

impedirlas atrevidos
intentan, a cuya causa,
por tierra y mar los caminos
infestan porque no llegue   1305
de Matrimonio tan digno
la celebridad, diciendo
contra ti uno y otro a gritos:

(Suena la caja.)

(Dentro.)   ¡Arma, arma, guerra, guerra!

Rey   Con los pocos que han venido   1310
                             a mi voz, les saldré al paso,
                             pues bastan para que invicto,
                             quitando las asperezas
                             y allanando los caminos,
                             venza los impedimentos   1315
                             mi esposa a golfos y riscos.

Muerte   Mal podrás, si yo de parte
                             de tus contrarios me animo
                             a dar auxiliares armas.
                             Y pues que ya el desafío   1320
                             de los dos quedó aplazado
                             desde aquel instante mismo
                             que de humana vida dueño
                             tu misma piedad te hizo,
                             veámonos en la batalla.   1325

(Vase.)

Rey   Yo en ella buscarte afirmo
                             pues si yo no te buscara

62

nunca tú dieras conmigo.
El que quiera de vosotros
seguirme, cíñase altivo   1330
la cruz de su espada bien
como yo la mía me ciño,
y siga mis pasos.

(Vase.)

Todos   Todos
                 iremos, señor, contigo

(Suena la caja.)

(Dentro.)   ¡Arma, arma, guerra, guerra!   1335

Todos   ¡Viva nuestro Rey invicto!

(Vanse.)

Placer   Si, como soy el Placer,
                 hoy en Pesar convertido,
                 fuera el Ingenio, en quien son
                 pesar y placer continuos,   1340
                 me atreviera a decir, dando
                 alegórico sentido
                 a estas bodas y a estas guerras,
                 que el tener dos enemigos,
                 uno al oriente mi Rey,   1345
                 pues fue en su oriente caudillo
                 de vasallos rebelados,
                 y otro al poniente, pues vimos
                 que es donde la luz fallece
                 donde él tiene su dominio,   1350

significan las cuestiones,
las calumnias y motivos
que movieron ambos pueblos
para impedir atrevidos
bodas de segunda esposa,   1355
y que son la Iglesia y Cristo.
Pero, aunque fuera el Ingenio,
no lo dijera si miro
que es tan claro el entenderlo
que está de más el decirlo.   1360

(Suena la caja.)   Y así, volviendo a la lid
que ya trabada se ha visto,
como Placer desde lejos
me parece que diviso
en el desierto de un monte   1365
por tres veces embestido
a mi Rey, y por tres veces
rechazado el enemigo.

(Suena la caja.)   Mas ¡ay! que, como Pesar,
desde más cerca distingo   1370
que por una doble espía
que traidora le ha vendido,
le han hecho su prisionero
en el ameno recinto
de un güerto, en cuya surtida   1375
son tan grandes los martirios
que ya que no desmayado,
por lo menos fallecido,
con el contrario luchando
se mira a brazo partido.   1380
Valor para verlo no hay
ni razón para advertirlo,
o Placer o Pesar sea,
pues como Pesar lo gimo,

y como Placer no puedo   1385
ver que en tan mortal conflicto
oyendo está.

(Vase el Placer y salen Rey y Pecado luchando, sin dejar el hacha que traerá
encendida todavía el Rey.)

Pecado   Pues te miras
                  tan sangrientamente herido
                  que sobre cinco mil llagas
                  son penetrantes las cinco,   1390
                  ríndete a mi fuerza.

(Apártanse.)

Rey   Aunque
                  tan fatigado me miro,
                  tomando en mi desaliento
                  este tronco por arrimo,

(Pónese en una cruz que habrá en el tablado.)

                  aún lidiar puedo; y pues de uno   1395
                  en otro trance venimos
                  a los brazos, vuelve a ellos
                  puesto que, no como mío
                  sino solo como ajeno,
                  que me toques te permito.   1400

(Luchan los dos y sale la Muerte.)

Muerte   Luchando con el Pecado
                  el Rey está. Si he venido
                  a darle auxiliares armas

¿qué espero que no me animo
a ayudarle? Y puesto que   1405
yo personas no distingo
y una humana vida veo,
una humana vida quito.

Rey (Al Pecado.)   Muere a mis manos.

Muerte (Al Rey.)   Y tú
                          a las mías.

(Mata la Muerte el hacha al mismo tiempo que el Rey al Pecado y caen los dos
quedando en medio la Muerte como asombrada, y volviendo los dos con las
ansias a querer luchar, se abrazan ambos con la Muerte, y ella y el Pecado caen
a los pies del Rey, que se mantendrá en pie arrimado a la cruz, y suena dentro
terremoto de truenos y otros ruidos.)

Rey   Padre mío,   1410
                          ¿por qué me desamparaste?

Pecado   Muerto soy.

Muerte   Cielos divinos,
                          ¿qué jeroglífico es este
                          de vencedor y vencido,
                          en que todo el universo   1415
                          se estremece a mi homicidio
                          diciendo todos:

Unos   ¡Que asombro!

Otros   ¡Qué portento!

Otros   ¡Qué prodigio!

Muerte	...cuando a Príncipe y Pecado	
	he muerto de un golpe mismo?	1420
Rey	No tanto que no me quede	
	en mis últimos suspiros...	
Pecado	No tanto que en mí no dure	
	en mi postrer parasismo...	
Rey	...ánimo para volver	1425
	a la lid.	
Pecado	...rencor y brío	
	para volver a la lucha.	
Los dos	Muere, pues muero, conmigo.	
Muerte	Buscándose entre sus ansias,	
	también yo a sus pies me rindo.	1430
	¿Quién ha visto ¡ay, infelice!	
	que haya valor tan invicto	
	que, muriendo, aun a la Muerte	
	destruya?	
Rey	¿Quién haya visto	
	que, cuando al triunfar muriendo,	1435
	la vida a la Muerte quito,	
	la vida al Hombre restauro?	
	¿No hay en todo este distrito,	
	viendo que en tal desamparo	
	espinas y flores tiño	1440
	con mi Sangre y que mi Cuerpo	
	fallece, quien me dé alivio	

en que mi Cuerpo y mi Sangre
descansen?

(Salen los Sacramentos.)

Todos	Todos venimos en tu seguimiento.

Orden	Sí, mas yo a todos me anticipo porque, Orden Sacerdotal, vea el mundo que recibo yo tu Cuerpo y Sangre.	1445

Rey	Eres tú en quien yo los deposito.	1450

(Cae en sus brazos desmayado.)

Orden	Sí, mas para tanto peso de socorro necesito, que recebirle y partirle con otros, será mi oficio. Llegad a ayudarme.

(Llega el Bautismo y tiénenle entre los dos.)

Bautismo	Yo partiré el peso contigo.	1455

Rey	Y es bien que con quien reparta mi Cuerpo sea el Bautismo, porque no debe sin él llegar nadie a recebirlo.	1460

Y puesto que consumados
triunfo y matrimonio miro,
siendo el tálamo este tronco
en quien ahora revalido
nuevamente los poderes,   1465
y los contrarios vencidos,
podrá navegar mi esposa
segura de sus peligros.
Vosotros esos despojos
que en esta lid he vencido   1470
traed, para que en la triunfal
carroza que la apercibo,
fieras sean. Y tú, esposa,
ven, para que vean los siglos
que en la hoguera de tu fuego   1475
fénix de amor resucito,
pues cuando triunfando muero
es cuando triunfando vivo.

(Llévanle entre Bautismo y Orden sacerdotal; y Penitencia y Comunión llegan a Muerte y Pecado, y ellos cayendo y levantando, vienen a dar el Pecado en brazos de la Penitencia y la Muerte en brazos de la Comunión, quedando la Confirmación en medio de los cuatro.)

Todos	Venid donde seáis los dos de su vitoria testigos.	1480
Pecado	Antes que yo sea trofeo...	
Muerte	Antes que yo desperdicio...	
Pecado	...en mis postreros ahogos...	
Muerte	...en mis últimos gemidos...	

Pecado	...me sepultarán los montes.	1485
Muerte	...me esconderán los abismos.	
Pecado	Mas iay, qué mal me defiendo...	
Muerte	Mas iay, qué mal me resisto...	
Pecado	...pues tropezando en mis sombras...	
Muerte	...pues cayendo en mis delirios...	1490
Pecado	...no sé en qué brazos fallezco!	
Muerte	...no sé en qué poder expiro!	

Penitencia   ¿No era fuerza que el Pecado
              viniese a morir rendido
              en la Penitencia?

Comunión   ¿No era   1495
              venir a morir preciso
              la Muerte en la Comunión,
              que es de la vida Pan vivo?

Pecado   iOh, a decir vuelvan mis ansias...

Muerte   iOh, repitan mis gemidos...   1500

Los dos   ...con cielo y tierra...

Confirmación Sí harán,
              diciendo como testigos,

	en confirmación de que	
	yo estos misterios confirmo,	
(Dentro.)	...¡Qué asombro!	
Unos	¡Qué confusión!	1505
Todos	¡Qué portento!	

(Vanse llevando a los dos presos Penitencia y Comunión, y la Confirmación tras
ellos. Volviendo el terremoto, sale el Hombre como despavorido.)

Hombre	¿Qué prodigio	
	es el que me saca, cielos,	
	hoy de un abismo a otro abismo?	
	Huyendo de aquella fiera	
	el seno más escondido	1510
	me sepultó de ese alcázar,	
	cuando al escándalo y ruido	
	que hay en todo el universo,	
	confuso y despavorido	
	salgo a la luz que no encuentro.	1515
	Pero, qué mucho si miro	
	a media tarde expirando	
	al Sol entre oscuros visos,	
	amortiguados a rayos	
	y ensangrentados a giros.	1520
	Agonizando la Luna,	
	aun de sus siempre mendigos	
	resplandores, brilla escasa	
	y tanto que ha parecido	
	que el Sol y ella hechos pedazos,	1525
	bien como espejos partidos,	
	se han desatado en menores	
	astros, corriendo a su arbitrio	

—crinadas aves de fuego,
por negros campos de vidro—   1530
las tropas de las estrellas,
las escuadras de los signos.
Estremecida la tierra,
caducan montes y riscos,
titubean las ciudades,   1535
deliran los edificios,
rásgase el velo del Templo,
chocan las piedras y esquivos
los monumentos, arrojan
de sí cadáveres fríos   1540
que, sin asombro de muertos,
son admiración de vivos.
El mar, escamado monstruo,
sin freno, rienda ni aviso
sacude sobre las nubes   1545
los desmelenados rizos
de su mal peinada greña,
siendo azote cristalino
de una nave que entre otras
naufraga, vence el conflito   1550
de la hidrópica borrasca
que en vano sorberla quiso.
Pues a tres horas de eclipse
apenas han sucedido
tres auroras de bonanza   1555
cuando, el Sol claro y tranquilo
el mar, restituye a tanto
amenazado peligro
alegre paz, que serena
aires, nubes, golfos, ríos,   1560
iluminando las sombras
de los más profundos limbos.

¿Quién dirá qué es esto?

(Sale el Placer.)

Placer

¿A quién
le ha de tocar el decirlo
sino al Placer? Esto es   1565
que nuestro gran Rey invicto,
después que en Muerte y Pecado
triunfó de sus enemigos
y, muerta la Muerte, pudo
partir muerto y volver vivo,   1570
para su segunda esposa,
habiendo, como antes dijo,
quitado las asperezas
y allanado los caminos,
a recebirla en triunfal   1575
carro sale al puerto mismo;
a cuya vista, la pena
vuelta en aplausos festivos,
de tierra y mar se responden
las salvas de sacros himnos,   1580
que en dulces epitalamios
dicen en coros distintos:

Hombre

¡Dichoso yo, pues resulta
su triunfo en provecho mío!

(Da vuelta la nave y viene sentada en la popa la Esposa, el Matrimonio en la proa, y en los costados la tropa de música de un coro. A este tiempo da vuelta también el carro y viene sentado en su trono el Rey, a sus pies Muerte y Pecado, y en el demás espacio los Sacramentos, que formarán otro coro.)

Coro I

¡Ah del mar!

Coro II	¡Ah de la tierra!	1585
Coro I	¿Qué nave es esa?	
Coro II	Esta es, pues tray la perla preciosa, la Nave del Mercader.	
Coro I	¡Qué ventura!	
Coro II	¡Qué placer!	

(Dan vuelta cantando nave y carro.)

Coro I	¡Buen vïaje...	
Coro II (Ambos coros.)	¡Buen pasaje... ...la tierra y el cielo alegres la den!	1590
Coro I	Y venga con bien,	
Coro II (Ambos coros.)	Y venga con bien, ...pues que nuestros puertos viene a enriquecer.	
Matrimonio (A su coro.)	Ya que os saluda la tierra, a su salva responded.	1595
Muerte	¡Ay de quien, muerta, aún lo escucha!	
Pecado	¡Ay de quien, muerto, aún lo ve!	

Coro II	¡Ah de la tierra!
Coro I	¡Ah del mar!
Coro II	¿Qué triunfo es ese?
Coro I	Este es, pues al vencedor aclama, 1600 el carro que vio Ezequiel.
Coro II	¡Qué ventura!
Coro I	¡Qué placer!
Coro II	¡Buen vïaje...
Coro I	¡Buen pasaje...
Todos	...el mar y la tierra alegres le den!
Coro II	Y venga con bien,
Coro I	Y venga con bien, 1605
Todos	...pues que nuestros mares viene a enriquecer.
Rey	¡Oh, tú, nave que, herida de la tormenta airada, te has visto zozobrada pero no sumergida, 1610 cuando en vez de cristales sulcaste sobre líquidos corales!

Esposa	¡Oh, tú, triunfo eminente,	
	que, a pesar de los hados,	
	astros son los sagrados	1615
	laureles de tu frente,	
	tan verdes siempre y bellos	
	que se deslumbra el mismo Sol en ellos!	
Rey	¡Salve! y desta campaña	
	que el Héspero corona,	1620
	por quien feliz blasona	
	ser Hesperia o España,	
	pisa la hermosa esfera	
	que, ufana, por su reina te venera.	
Esposa	¡Salve! y estos cristales	1625
	que de Alemania la alta	
	el crespo hielo esmalta,	
	goza como leales	
	feudos, en que te ofrece venturosa	
	una esclava, con título de Esposa.	1630
Rey	Ven a mis dulces brazos,	
	coronaráste en ellos.	
Esposa	Águila de mil cuellos,	
	para otros tantos lazos,	
	quisiera ser.	
Matrimonio		
(A la Esposa.)	Pues ya cesó la guerra,	1635
	conmigo ven.	
Unos	Al mar, al mar.	

Otros	A tierra, a tierra.
Placer	Vuelva la alegre salva de tierra y mar a saludar al alba.

(Con salva de chirimías y música, bajan todos al tablado trayendo como prisiones, la Penitencia al Pecado y la Comunión a la Muerte.)

Música	¡Ah del mar! ¡Ah de la tierra!	
	¿Qué nave es esa? Esta es,	1640
	pues tray la perla preciosa,	
	la Nave del Mercader.	
	¡Ah de la tierra! ¡Ah del mar!	
	¿Qué triunfo es ese? Este es,	
	pues al vencedor aclama,	1645
	el carro que vio Ezequiel.	
	¡Qué ventura! ¡Qué placer!, etc.	
Rey	Feliz es mi fortuna,	
	inmensos mis placeres,	
	que toda hermosa eres,	1650
	no hay en ti mancha alguna.	
	Llega a mis brazos, llega,	
	tu vista, como el Sol, deslumbra y ciega.	
Esposa	Mi estrella nunca errante,	
	puerto me da dichoso;	1655
	todo es galán mi esposo,	
	todo es amor mi amante,	
	feliz quien se corona	
	en los templados climas de su zona.	
Rey	Aunque llego a tus ojos	1660

vencedor, no lo he sido
hasta haberte ofrecido
de la lid los despojos.
Llegad,

(Llegan Comunión y Penitencia poniendo a sus pies Muerte y Pecado.)

porque su planta
sepáis que fue la que a los dos quebranta   1665
la cerviz, pues en nombre
suyo fue el noble empeño
de haberme yo hecho dueño
de la vida del Hombre
(A la Esposa.)   que también a tus pies libre se mira.   1670

(Postrados los dos a sus pies y el Hombre en medio de los dos, la besa la mano, hincada la rodilla y van llegando todos.)

Hombre   ¡Qué más alto favor!

Pecado   ¡Qué horror!

Muerte   ¡Qué ira!

Bautismo   Yo de la Fe testigo
soy con que te esperamos.

Confirmación   Tan conformes estamos
que yo lo mismo que él confirmo y digo.   1675

Penitencia   Sea en ti nuestra salud muy bien venida,

Orden   ...nuestro bien,

Matrimonio	...nuestra paz,
Comunión	...y nuestra vida.
Esposa	Todos me dad los brazos
	ya que por altos modos
	a ser alma de todos 1680
	vengo, pues estos lazos,
	a imitación de vides y laureles,
	me acreditan piadosa unión de fieles.
Rey	Aquel alcázar fuerte
	tu templo es, tu palacio, 1685
	y aunque alcaide en su espacio
	es león el que se advierte,
	en sus entrañas quiero
	que veas que son de cándido cordero.

(Ábrese el carro del palacio y vese en él un león en pie sobre un altar, el cual, abriéndose en dos mitades, tiene dentro un cordero.)

Esposa	Aquella fortaleza 1690
	que en los golfos ha sido
	de mis águilas nido,
	también en su fiereza
	verás tú que por alma suya asoma
	sinceridad de cándida paloma. 1695

(Ábrese el carro del peñasco y vese en él una águila imperial que abriéndose en dos mitades tiene dentro una paloma.)

Placer	Pues si el águila bella
	y el león altivo y fiero
	en paloma y cordero

trueca la buena estrella
del Hombre, cuando unida   1700
de ambas la majestad salvan la vida,
la música prosiga
que le llamó primero,
y el Placer lisonjero,
para acabar con lo que empieza, diga: 1705
    Venid, mortales, venid

Música y él   venid, mortales, venid,
si queréis no serlo y eternos vivir,
que aquí está la Vida, puesto que está aquí
quien a Muerte y Pecado pudo destruir.   1710

Pecado   ¿Qué importará que lo diga,
supuesto que, como quede
el Hombre con albedrío
que incline, ya que no fuerce,
siempre que vuelva a pecar   1715
a ser mi cautivo vuelve?

Rey   Por eso, para afianzar
los míseros accidentes
de su flaco ser, tendrá
en ese imperial albergue   1720
antídotos que restauren
nueva salud.

Pecado   ¿De qué suerte?

Penitencia
(Al Pecado.)   Eso diré yo, pues soy
en cuyos brazos falleces.
Como aquel león que entrañas   1725

de manso cordero tiene
jeroglífico divino
es de lo humilde y lo fuerte,
poder y benignidad
dice; y porque a verlo llegues   1730

(Ábrese el cordero y vese dentro un niño de Pasión con la cruz a cuestas y demás insignias en un canastico.)

aquel el cordero es
de Isaías que inocente
sin dar un solo balido
al sacrificio se ofrece,
de suerte que si león   1735
en cordero se convierte,
cordero en Isaac, que al monte
con la leña al hombro asciende,
símbolo de Penitencia,
cuyo triunfo me compete,   1740
pues el morir el cordero
la vida del Hombre absuelve.

Muerte   Cuando el cordero su vida
                  salve, mostrará que vence
                  la muerte espiritual   1745
                  mas no la temporal muerte.
                  ¿No es ley que el que nace muera?

Comunión   Sí, pero a vivir; si adviertes
                  que el morir aquí una vez
                  es a vivir para siempre.   1750

Muerte   ¿Cómo?

Comunión	Como la imperial
	águila, que en sí contiene
	sinceridad de paloma,
	también en su seno adquiere
	como pájaro sin hiel,	1755
	dulzura tan excelente
	que eterna vida asegura
	a quien en gracia la pruebe.

(Ábrese la paloma y vese dentro hostia y cáliz.)

| Muerte | ¡Oh, a tanto asombro... |

| Pecado | ¡Oh, a tanta |
| | maravilla... |

| Los dos | ...gima y tiemble! | 1760 |

| Hombre | ¡Oh, feliz yo, que heredero |
| | nací de tan altos bienes! |

| Bautismo | ¡Dichoso yo, que la puerta |
| | primera abrí por donde entres! |

| Confirmación | ¡Feliz yo, que confirmé | 1765 |
| | misterios tan excelentes! |

| Penitencia |
| (Al Hombre.) | ¡Dichoso yo, que a la gracia |
| | restituí tus placeres. |

| Comunión | ¡Feliz yo, que pude hacer |
| | que su mérito se aumente! | 1770 |

Orden	¡Dichoso yo, que ministro fui para darle y tenerle!
Matrimonio	¡Y felice yo y dichoso, que uní en suave yugo leve a mi Rey segunda Esposa, 1775 que siglos de siglos reine.
Placer	Y dichoso yo y felice, si entre los himnos alegres de las repetidas voces que a aclamar el triunfo vuelven, 1780 en el nombre de su autor llego a ver que, humilde siempre, merece perdón el Auto ya que aplauso no merece, diciendo con todos una vez y mil... 1785
Los dos	Y yo, aunque me pese, habré de decir...
Todos y música	...que aquí está la Vida, puesto que está aquí quien a Muerte y Pecado pudo destruir.

Libros a la carta

A la carta es un servicio especializado para

empresas,

librerías,

bibliotecas,

editoriales

y centros de enseñanza;

y permite confeccionar libros que, por su formato y concepción, sirven a los propósitos más específicos de estas instituciones.

Las empresas nos encargan ediciones personalizadas para marketing editorial o para regalos institucionales. Y los interesados solicitan, a título personal, ediciones antiguas, o no disponibles en el mercado; y las acompañan con notas y comentarios críticos.

Las ediciones tienen como apoyo un libro de estilo con todo tipo de referencias sobre los criterios de tratamiento tipográfico aplicados a nuestros libros que puede ser consultado en Linkgua-ediciones.com.

Linkgua edita por encargo diferentes versiones de una misma obra con distintos tratamientos ortotipográficos (actualizaciones de carácter divulgativo de un clásico, o versiones estrictamente fieles a la edición original de referencia).

Este servicio de ediciones a la carta le permitirá, si usted se dedica a la enseñanza, tener una forma de hacer pública su interpretación de un texto y, sobre una versión digitalizada «base», usted podrá introducir interpretaciones del texto fuente. Es un tópico que los profesores denuncien en clase los desmanes de una edición, o vayan comentando errores de interpretación de un texto y esta es una solución útil a esa necesidad del mundo académico.

Asimismo publicamos de manera sistemática, en un mismo catálogo, tesis doctorales y actas de congresos académicos, que son distribuidas a través de nuestra Web.

El servicio de «libros a la carta» funciona de dos formas.

1. Tenemos un fondo de libros digitalizados que usted puede personalizar en tiradas de al menos cinco ejemplares. Estas personalizaciones pueden ser de todo tipo: añadir notas de clase para uso de un grupo de estudiantes, introducir logos corporativos para uso con fines de marketing empresarial, etc. etc.

2. Buscamos libros descatalogados de otras editoriales y los reeditamos en tiradas cortas a petición de un cliente.